MW01224322

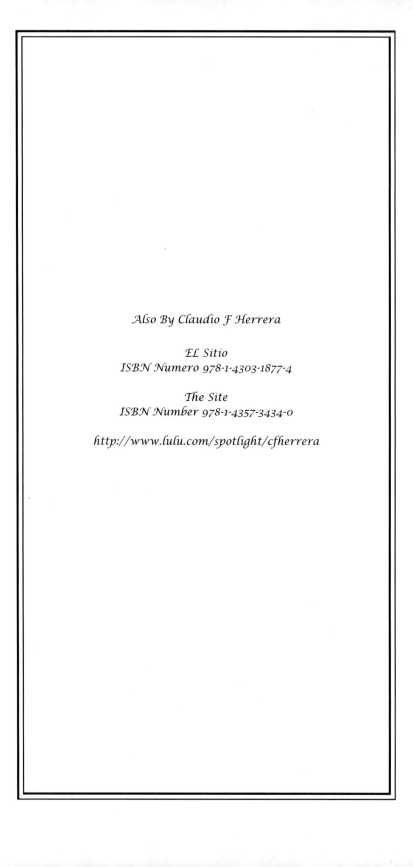

Also By Claudio F Herrera

EL Sitio
ISBN Numero 978-1-4303-1877-4

The Site
ISBN Number 978-1-4357-3434-0

http://www.lulu.com/spotlight/cfherrera

SINGULAR QUOTES

FOR MY CHILDREN

"I have fought the fight, I have kept the faith"
Quote from the Apostle Paul to his disciple
Timothy, before his death

FRASES SUELTAS

PARA MIS HIJOS

"He peleado la batalla, he conservado la fe".
Frase del apóstol Pablo a su discípulo
Timoteo, antes de su final.

Claudio F. Herrera

Original Title:

SINGULAR QUOTES FOR MY CHILDREN
FRASES SUELTAS PARA MIS HIJOS
First Edition
Copyright © 2014 by Claudio Herrera
ISBN 978-1-312-58789-2
CIPO Registration No. 1116341
Calgary-Alberta-Canada
Translated from the Spanish by Maria Sofia Herrera

Sofía, muchas gracias por tu ayuda

PROLOGUE

PRÓLOGO

How many times have we started down a road and without realizing it, we have arrived at our destination through a different path? This little book is one of those cases.

One day, re-reading drafts of a book project, thinking how to continue the story, I realized it was the urge to express my view on life and how to live it ethically, heroically and romantically what really allowed me to advance on its development regardless of the hours or work overload that it might mean.

I also started thinking to whom I wanted to convey my thoughts, ideas and feelings in the first place, bearing in mind that all art is the exaltation of the subjective. The answer was simple, my kids and even more ambitious ... the children of my children.

Knowing who the primary recipients were, I decided to suspend the work I was doing and start another in which I would no longer use my phrases within a particular story, to add content, but that I would write them anarchically as they appear in our life, so that each of my children and grandchildren could freely search for the context in which to use them ... or to just remember how I applied them or how they kept emerging from my philosophical position, which I called "Skeptical Realism".

A phrase is not just a set of words in search of meaning, it is much more than that; it is the synthesis of how we perceive life and the world. While many phrases have been defined as sentences without a verb, nobody can deny that they too are abstract sentences arising from the human soul, though, from a technical point of view, they may not be correct.

Why have I expressed myself through the so-called "Skeptical realism"? Because I intend to highlight the impossibility of analyzing the world differently from the way the world appears to be, without softening or exaggerating its pettiness and greatness for the simple reason that it is what it is. Bearing in mind that this analysis is always done from our beliefs, given that truth exists only as a philosophical concept and that people are incapable of reaching the truth because of its apparent nature.

Maximiliano, Maria Guadalupe and Maria Sofia, I really hope you enjoy reading this book as much as I have done writing it. Dad.

Claudio F. Herrera

Noviembre, 2012

¿Cuántas veces, hemos comenzado a recorrer un camino y sin darnos cuenta hemos arribado a nuestro destino por otra senda? Este pequeño libro es uno de esos casos.

Un día, releyendo los borradores de un proyecto de libro, pensando como continuar la historia del mismo, comprendí que era el impulso de expresar mi punto de vista sobre la vida y cómo vivirla ética, heroica y románticamente lo que realmente me permitía avanzar en su desarrollo, sin reparar en las horas o en la sobrecarga de trabajo que ello me podría significar.

También me puse a pensar a quienes yo quería trasmitir mis pensamientos, ideas y sentimientos en primer lugar, teniendo presente que todo arte es la exaltación de lo subjetivo. La respuesta fue sencilla, a mis hijos y mas ambiciosa aún... a los hijos de mis hijos.

Sabiendo quienes eran los destinatarios primarios, decidí suspender el trabajo que estaba realizando y comenzar otro en el cual, ya no utilizaría mis frases dentro de una historia en particular, como para que le de contenido; sino que las escribiría en forma anárquica, tal como aparecen en nuestra vida, para que cada uno de ellos libremente busque el contexto dentro del cual emplearlas ... o simplemente recuerde como las aplicaba o como fueron surgiendo a partir de mi postura filosófica, a la cual he llamado "Realismo Escéptico".

Una frase no es sólo un conjunto de palabras en busca de un sentido, es mucho más que eso; es la síntesis de una forma de ver la vida y el mundo. Si bien muchas de ellas han sido definidas como oraciones sin verbo, nadie puede negar que también ellas son oraciones abstractas que surgen del alma humana, aunque desde el punto de vista técnico, no sea lo correcto.

¿Por qué me he expresado a través del llamado "Realismo Escéptico"? Porque pretendo resaltar la imposibilidad de analizar el mundo de otra manera de la que el mundo aparentemente es; sin suavizar ni exagerar sus mezquindades y grandezas por la simple razón de que es como es; teniendo presente que dicho análisis se realiza siempre a partir de nuestras creencias, ya que la verdad solo existe como un concepto filosófico y que el Hombre es incapaz de conocerla por ser esta aparente.

Maximiliano, María Guadalupe y María Sofía realmente espero que ustedes disfruten con la lectura de este libro, tanto como yo lo he hecho escribiéndolo. Papá.

Claudio F. Herrera

Noviembre, 2012

SINGULAR QUOTES

FOR MY CHILDREN

FRASES SUELTAS

PARA MIS HIJOS

JUSTICE

JUSTICIA

1. *There is no criminal more dangerous than the one who consents crime through silence.*

   No hay criminal más peligroso que el que consiente el crimen a través de su silencio.

2. *If you cannot act, yell in the face of injustice. If you do not act or yell, silence will end up killing you.*

   Si no puedes actuar, grita ante la injusticia. Si no actúas o gritas, el silencio te terminará matando.

3. *Genocidal is not just the one who kills, but also the one who justifies, the one who gives reason to its existence.*

   Genocida no es sólo el que mata, también lo es el que lo justifica, el que le da razón a su existencia.

4. The silence and inaction against injustice are always transformed into the actions that justify it.

   El silencio e inacción ante la injusticia, siempre se han de transformar en la acción que la justifica.

5. There are times when we have become so accustomed to consent evil that we do not miss the absence of good.

   Hay veces en que nos hemos acostumbrado tanto a consentir el mal, que no extrañamos la ausencia del bien.

6. The greatest crime of war is war itself.

   El mayor crimen de guerra es la guerra en sí misma.

7. When ignorance and arrogance come together they are capable of destroying the world ... "for the common good".

Cuando la ignorancia y la soberbia se juntan son capaces de destruir el mundo ... "por el bien común".

8. Before the Law we must be all the same; to life, similar, to the rewards and punishments, different.

Ante la Ley debemos de ser todos iguales; ante la vida, similares y ante los premios y castigos, diferentes.

9. Having laws and enforce them is not always a guarantee of justice.

El tener leyes y el hacer que se cumplan no siempre es garantía de justicia.

10. The worst enemy is the one who dwells in our hearts. The worst enemy of our society is the one who inhabits it.

El peor enemigo es el que habita en nuestro corazón. El peor enemigo de nuestras sociedades, el que habita en la misma.

11. Without justice and freedom there will never be equality, without equality never equal opportunities, and without equal opportunities we will be in the hands of a minority.

Sin justicia y Libertad nunca habrá equidad, sin equidad nunca igualdad de oportunidades y sin igualdad de oportunidades estaremos en las manos de una minoria.

12. Sometimes there are acts that comply with the Law but not with Ethics, they may be legal but not ethical.

Hay a veces actos conforme a la Ley que no lo son respecto de la Ética. Pueden ser legales, pero no éticos.

13. That if you do not accept to be part of an injustice another will take your place? Then let it be another.

¿Qué si no aceptas ser parte de una injusticia otro lo será en tu lugar? Pues entonces que lo sea otro.

14. Victory by force does not grant rights, shatters them

La victoria por la fuerza no otorga derechos, los destroza.

15. All people are innocent until their conscience tells them otherwise.

Todas las personas son inocentes, hasta que su conciencia les diga lo contrario.

16. Genocidal is not just the one who kills thousands for whatever reason, so are those who kill or persecute a single person due to cultural, sexual, political, religious, social or racial intolerance, and those who agree.

Genocida no es sólo el que mata miles de personas por la razón que fuere, también lo son aquellos que matan o persiguen a una sola por intolerancia cultural, sexual, política, religiosa, social o racial y aquellos que lo consienten.

17. Lets avoid and unmask the open-fly moralists.

Evitemos y desenmascaremos a los moralistas de bragueta abierta.

KNOWLEDGE

CONOCIMIENTO

18. Lets democratize knowledge and health to democratize our society.

   Democraticemos el conocimiento y la salud para democratizar a nuestra sociedad.

19. There is not use in what we call knowledge if it is not at the service of others.

   De nada sirve lo que llamamos conocimiento, si éste no está al servicio del prójimo.

20. Deepen your knowledge and critical sense and helps others to do so, and see how the world around you will be more harmonious and free.

   Profundiza tus conocimientos y tu sentido crítico y ayuda a otros a hacerlo, y verás como el mundo que te rodea será más armonioso y libre.

21. Knowledge will always confront us with new horizons and frustrations, which will become new challenges to take on.

El conocimiento siempre nos enfrentará a nuevos horizontes y frustraciones, que se convertirán en nuevos desafíos a asumir.

22. Any expenditure in expanding your knowledge should never be perceived as a cost. A cost would be failing to do so when given the opportunity.

Todo gasto en ampliar tus conocimientos, nunca debe ser visto como un costo. Un costo sería el no hacerlo, teniendo la oportunidad.

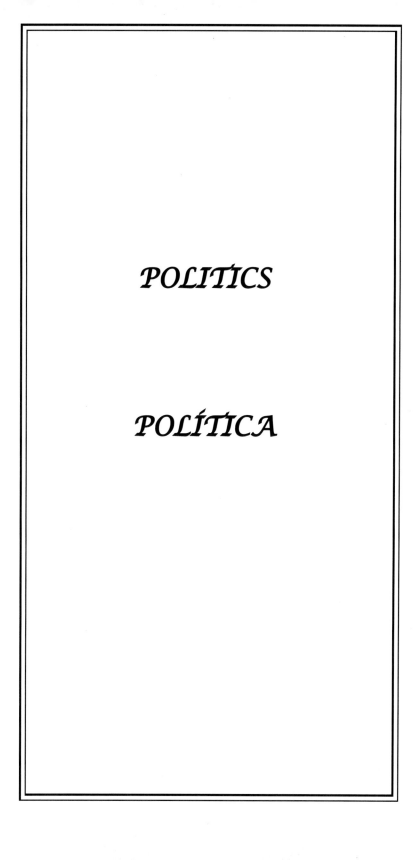

POLITICS

POLÍTICA

23. In today's society democracy is nothing more than a marketing exercise to sell the ideas of a few to many others.

En la sociedad actual la democracia no es más que un ejercicio de marketing para vender las ideas de unos pocos a muchos otros.

24. We live in a totalitarian democracy. For us to avoid punishment we must adjust to the norms and values of those who control our lives.

Vivimos en una democracia totalitaria. Para no ser castigados debemos ajustarnos a las normas y valores de los que controlan nuestro sistema de vida.

25. We are part of a rational system, which often acts irrationally.

Somos parte de un sistema racional, que muchas veces actúa irracionalmente

26. We must stop talking about capitalism and start talking about capital-isthmus, as an idea that will allow us to reconnect capital with real people.

Debemos dejar de hablar de capitalismo y empezar a hablar de capital-itsmo, como una idea que nos permita reconectar al capital con las personas reales.

27. While the Republic is something that belongs to the people, it is administered by the powerful in their own name.

Si bien la República es algo que le pertenece al pueblo, la administran los poderosos en nombre propio.

28. Through food we have created a new instrument of mass destruction.

A través de los alimentos hemos creado un nuevo instrumento de destrucción masiva.

29. We all feel equal about our ability to achieve power, but not about how to enjoy its benefits.

Todos nos sentimos iguales respecto a nuestra capacidad de alcanzar el poder, pero no respecto a como disfrutar de sus beneficios.

30. By being fundamentalists of life we will destroy the remaining fundamentalisms, removing their content.

Siendo fundamentalistas de la vida destruiremos a los restantes fundamentalismos, quitándoles contenido.

31. Before Nazism, the Nazis. Before the -isms the -ists

Antes del nazismo, los nazis. Antes de los ismos los istas.

32. Governments are a reflection of the people who voted for them and those who, with their lack of action and / or commitment, accept the Government's actions without questioning their reason.

Los gobiernos son el reflejo del pueblo que los ha votado y de aquellos que con su falta de acción y/o compromiso aceptan sus actos sin cuestionar la razón de los mismos.

33. Before the State, people.

Antes que el Estado, las personas.

34. Every society, being composed of people, also have the ability to commit suicide.

Toda sociedad, por estar integrada por personas, también tienen la capacidad de suicidarse.

35.Our leaders are the tip of an iceberg called society. Society, it is us, without exceptions.

Nuestros dirigentes son la punta de un tempano de hielo llamado sociedad. La sociedad, nosotros sin excepciones.

36.Homeland is the place you have chosen to die.

La Patria es el lugar que se ha elegido para morir.

FREEDOM

LIBERTAD

37. Is not free he who thinks himself free. Free is the one who day in, day out contributes to the freedom of his peers.

No es libre aquel que solo se piense libre. Lo es aquel que día a día contribuye a la libertad de sus semejantes.

38. Freedom of the Press is no more than a well-kept and managed secret.

La libertad de prensa no es más que un secreto muy bien guardado y administrado.

39. Freedom of thought, the only real freedom.

La libertad de pensamiento, la única y verdadera libertad.

40. It is not the same to be a slave of the Law than to be slaved by the Law.

No es lo mismo ser esclavo de la Ley que ser esclavo por la Ley.

41. If you cannot freely express your thoughts, your thoughts will censor what you express.

Si no puedes libremente expresar tus pensamientos, tus pensamientos censurarán lo que expreses.

42. Lets reject any government that for whatever reason censure ideas, people, or burns books, as their actions will aim at censoring and destroying our freedom of thought and critical spirit.

Rechacemos a todo gobierno que por la razón que fuere censure ideas, personas o queme libros, ya que sus actos estarán dirigidos a censurar y destruir nuestra libertad de pensamiento y espíritu crítico.

43. Our system of freedom is based on putting everyone under suspicion.

Nuestro sistema de libertad se basa en poner a todos bajo sospecha.

44. Neither the size nor the material of which it is built, or the reason why the cage was created make the bird any more free.

Ni el tamaño, ni el material en que está construida, ni la razón por la que fue creada la jaula hacen más libre al ave.

45. Let us not allow the exercise of our freedom become an excuse for restricting the freedom of others.

No permitamos que el ejercicio de nuestra libertad se transforme en una excusa para restringir la de otros.

46. Laws do not enslave or deprive us of freedom, it is men who do.

Las leyes no esclavizan ni nos privan de la libertad, son los hombres los que lo hacen.

47. We better die as slaves fighting for our freedom, than being free accepting slavery.

Más nos vale morir como esclavos peleando por nuestra libertad, que siendo libres aceptando la esclavitud

ACTION

ACCIÓN

48. We can never be what we cannot imagine.

Nunca podremos ser aquello que no podamos imaginar.

49. Think big, to change the small.

Piensa en grande, para cambiar lo pequeño.

50. Let your thoughts be the engine of your action and your action that which justifies your life.

Que tus pensamientos sean el motor de tu acción y tu acción el aquello que justifique tu vida.

51. May your thoughts always go further than reason.

Que tus pensamientos siempre lleguen más lejos que la razón.

52. We must be the action of our thoughts and the reason of our desires.

Debemos de ser la acción de nuestros pensamientos y la razón de nuestros deseos.

53. Inaction is the action that destroys us.

La inacción, es la acción que nos destruye.

54. The worst action is that which is not carried out, when you have the chance.

La peor acción es la que no se lleva acabo, cuando se tiene la oportunidad de hacerlo.

55. Our actions are the ones that will give meaning and justify our words.

Nuestros actos son los que le han de dar significado y justificarán nuestras palabras.

56. Do not accept the world as it is, make it better.

No aceptes al mundo como lo ves, mejóralo.

57. May our achievements be the result of our determination and effort.

Que nuestros logros sean el resultado de nuestro tesón y esfuerzo.

58. Do not be content trying to change your life 360 degrees, half is enough.

No te contentes en intentar cambiar tu vida 360 grados, con la mitad basta.

59. Those who act in good faith, they do neither good nor bad, they just do what they honestly can.

Aquellos que actúan de buena fe, no lo hacen ni bien ni mal, simplemente hacen lo que honestamente pueden.

60. Our actions should always be oriented to the good of others and to preserving the romantic and heroic sense of life.

Nuestros actos deben de estar siempre orientados al bien del prójimo y a preservar el sentido romántico y heroico de la vida.

61. While we preserve our will to fight and faith in our cause, we can be beaten more than once but never defeated.

Mientras conservemos nuestra voluntad de lucha y la fe en nuestra causa, podremos ser vencidos más de una vez pero jamás derrotados.

62. One thing is to be defeated and another, very different, is to give up. From the first we can recover but from the second never.

Una cosa es ser vencido y otra muy distinta es el darse por vencido. De una nos recuperaremos y de la otra jamás.

63.Shout when everyone remains silent.

Grita cuando todos callen.

64.There are times when our silence is a scream impossible to be endured.

Hay veces en que nuestro silencio, es un grito imposible de ser soportado.

65. Sometimes the only way to explain something is to remain silent.

En algunas ocasiones la única forma de explicar algo es callando.

66.There is no greater pain than not being able to express it.

No hay mayor dolor que el no poder expresarlo.

67.A tear can shake a sea of emotions.

Una lágrima puede agitar un mar de emociones.

68. The end does not justify the means; it is the means employed in obtaining the desired end that will tell us if it was worth achieving.

El fin no justifica los medios; son los medios empleados en la obtención del fin buscado los que nos dirán si ha valido la pena lograrlo.

69. Often acts of modesty conceal the greatest acts of arrogance.

Muchas veces los actos de modestia encubren a los más grandes actos de soberbia.

70. Only the heart must know of our good deeds.

Sólo el corazón debe saber de nuestras buenas acciones.

71. Words can destroy more bridges than bombs.

Las palabras pueden destruir más puentes que las bombas.

72.It is useless to proclaim our beliefs in private, if we are unable to defend them in public.

De nada nos vale proclamar nuestras creencias en privado, si no somos capaces de defenderlas en público.

73.Before denying the possibility that something can be done, we need to try doing it first.

Antes de negar la posibilidad de que algo pueda hacerse, hay que intentar hacerlo

74.Living requires the courage to commit to and what we believe, in spite of knowing the risks to which we will be exposed.

El vivir requiere el coraje de comprometernos con y por aquello que creemos, aún sabiendo de los riesgos a los cuales nos expondremos.

75. Sometimes it is impossible for us to leave a well, being able to do so, just because of the embarrassment that causes us to know ourselves inside.

Hay veces que nos es imposible el salir de un pozo, pudiéndolo hacer, sólo por la vergüenza que nos causa el sabernos dentro del mismo.

76. Lets learn to seek and accept help when we need it, but never to depend on it.

Aprendamos a solicitar y a aceptar una ayuda cuando la necesitemos, pero jamás dependamos de ella.

77. Brave is not the one who acts out or does something specific. Brave is someone who accepts the consequences of his actions.

Valiente no es el que actúa o hace algo determinado. Valiente es el que acepta las consecuencias de sus actos.

78.Never be afraid to show others our ideas or thoughts, even though they may seem insignificant.

Jamás temamos en manifestar a otros nuestras ideas o pensamientos, por más que nos parezcan insignificantes.

79.Many times the light of a match is more than enough to guide you in the dark.

Muchas veces la luz de un fósforo es más que suficiente para guiar en la oscuridad.

80.In any path, taking the first step is the hardest part. Let us overcome our fears and insecurities and begin the walk that will take us to our dreams.

En todo camino, el dar el primer paso es lo que más cuesta. Venzamos nuestros miedos e inseguridades y empecemos a recorrer el que nos llevará a nuestros sueños.

81.Never forget,
That even in the deserts
With the most barren appearance
There's life... and a flower.
That we of Nature are a part,
That we are happiness and pain.
Don't let death
Arrest your stride,
Or a tyrant enslave you.
Nothing will detain your world
As long as you stand tall and walk through it!

Nunca olvides,
que aún en los desiertos
aparentemente más estériles
hay vida... y una flor.
Que somos de la naturaleza parte,
que somos alegría y dolor.
No dejes que la muerte
detenga tu paso,
ni que el tirano te esclavice.
Nada detendrá tu mundo
mientras erguido por el camines!

82. There are only two ways of doing things, when you actually want them to do, one is with money and the other is through personal effort.

Hay solo dos formas de hacer las cosas cuando realmente se las quiere hacer, una es a través del dinero y la otra es por medio del esfuerzo personal.

83. Silence is often nothing more than a soundless word or response.

El silencio muchas veces no es más que una palabra o respuesta sin sonido.

THE OTHERS

LOS OTROS

84. The others are we from another point of view

Los otros, somos nosotros desde otro punto de vista

85. The love of others is the projection of love for our own being. We cannot love without loving ourselves.

El amor al otro es la proyección del amor a nuestra persona. No podemos amar sin amarnos.

86. The others are often just an excuse to not be us.

Los otros muchas veces son una simple excusa para no ser nosotros.

87. For many people the chaos of others is personal hope.

Para muchas personas el caos ajeno es esperanza propia.

88. When you protect the weak, you protect yourself. Nobody is better than anyone.

Cuando proteges al débil, te proteges a ti mismo. Nadie es mejor que nadie.

89. Shame, is giving too much importance to the opinions of others.

La vergüenza, es el darle demasiada importancia a la opinión de los otros.

90. Lets not give entity to those who do not have it, by giving them an importance they do not deserve.

No les demos entidad a los que no la tienen, dándoles una importancia que no se merecen.

91. Do not be embarrassed by what others may think of you, have shame only for not being true to what you think. The others are a mere circumstance in our lives.

No te avergüences por lo que los otros pueden pensar de ti, tenla sólo por no ser fiel a lo que tú piensas. Los otros son una mera circunstancia en nuestra vida.

92. People do not change suddenly, as in the Greek theater, they just remove their masks.

La gente no cambia de golpe, simplemente como en el teatro griego, se quita la máscara.

93. In life we can afford many things, except to remain indifferent to the pain and tragedy of others.

En la vida podemos permitirnos muchas cosas, menos el permanecer indiferentes ante el dolor y el drama de los otros.

94. We must be the voice of the voiceless, the eyes of the blind and the consciousness of those who do not have it.

Debemos de ser la voz de los sin voz, los ojos de los que no ven y la conciencia de los que no la tienen.

LIFE

VIDA

95. *Our journey through life is like being in a revolving door, except for us, no one knows whether we are going in or out.*

Nuestro paso por la vida es como estar en una puerta giratoria, salvo nosotros, nadie sabe si estamos entrando o saliendo de ella.

96. *The most valuable things in our lives are not in stores, they cannot be bought nor sold.*

Las cosas más valiosas de nuestra vida no están en el comercio, no se pueden comprar ni vender.

97. *In life, the most difficult gates to cross are those already opened.*

En la vida, las puertas más difíciles de traspasar son las que están abiertas.

98. While many times we persist in thinking how pain and suffering can affect our lives, we must not prevent happiness from being the one who really does it.

Si bien muchas veces nos obstinamos en pensar como el dolor y el sufrimiento pueden afectar nuestras vidas, no le debemos impedir a la felicidad el ser ella la que realmente lo haga.

99. Being happy is not a right but an obligation to our neighbors and ourselves.

El ser feliz no es un derecho, es una obligación para con nosotros y nuestros semejantes.

100. To live without a cause, is to die without a meaning.

Vivir sin una causa, es morir sin un sentido.

101. How can we pretend to live in a better world when we fail to improve the place in which we live?

   ¿Cómo poder pretender vivir en un mundo mejor, cuando no somos capaces de mejorar el lugar en el cual vivimos?

102. In our physical world the final destination of all is to interact.

   En nuestro mundo físico el destino final de todo es interactuar.

103. There are times when, more important than asking ourselves how we have come to a certain situation, it is to ask ourselves what we do with it.

   Hay veces que más importante que preguntarnos como hemos llegado a una determinada situación, es el preguntarnos qué hacemos en ella.

104.Life will bring us to our knees, but let it never find us kneeling.

La vida nos podrá poner de rodillas, pero que jamás nos encuentre arrodillados.

105.There are lies that offend, and truths that make us better.

Hay mentiras que ofenden y verdades que engrandecen.

106.The happiest moment of our life is the one we have yet to live.

El momento más feliz de nuestra vida es el que aún no hemos vivido.

107.Some acts of madness are often the demonstration of our sanity.

Algunos actos de locura son muchas veces la demostración de nuestra cordura.

108. Sanity is nothing but a standard madness.

La cordura, no es otra cosa que una locura estándar.

109. In life there are so many grays that make us doubt whether something must or can be white or black

En la vida hay tantos grises que nos hacen dudar de que algo deba o pueda ser blanco o negro

US

NOSOTROS

110. Consumerism is the negation of being with oneself.

El consumismo es la negación del consigo mismo.

111. Even though our words betray us often, it is more common for us to betray our words.

Si bien muchas veces nuestras palabras nos traicionan, muchas otras somos nosotros quienes traicionamos a nuestras palabras.

112. Honor your commitments and word, and you will honor yourself.

Honra tus compromisos y palabra, y te honrarás.

113. Let us not raise walls that can lock us in.

No levantemos muros que puedan terminar encerrándonos.

114. Questioning ourselves repeatedly and mercilessly is a form of moral suicide.

El cuestionarnos repetida e impiadosamente, es una forma de suicidio moral.

115. The first thing we must ask when we do or undertake something is: where are we in what we are doing?

Lo primero que debemos de preguntarnos cuando hacemos o emprendemos algo es: ¿dónde estamos nosotros en lo que estamos haciendo?

116. What do we gain from pretending or trying to be "the Best" when we cannot be better?

¿De qué nos vale pretender o tratar de ser "El Mejor" cuando no podemos ser mejores?

117. We are all similar; equals are only those who know themselves different.

Todos somos similares; iguales son sólo aquellos que se saben diferentes.

118. Every act of violence is justified from our insecurities.

Todo acto de violencia se justifica a partir de nuestras inseguridades.

119. Our history is the synthesis of the sum of many others that have made us change our course more than once.

Nuestra historia es la síntesis de la sumatoria de muchas otras que nos han hecho cambiar más de una vez nuestro rumbo.

120. Often pain unites us more than happiness.

Muchas veces el dolor nos une más que la felicidad.

121.One of the reasons for our lack of communication, are the impersonal means by which we communicate.

Una de las razones de nuestra incomunicación, son los medios impersonales por los cuales nos comunicamos.

122.Do not take our values as mutually exclusive; these also need to interact with others. That which is flexible is often stronger than what is stiff.

No aceptes nuestros valores como los únicos; éstos también necesitan interactuar con otros. Muchas veces lo flexible es más resistente que lo rígido.

SUCCESS

ÉXITO

123.Do not let success keep us from our path. One is ephemeral and the other eternal.

Que el éxito no nos aparte de nuestro camino. Uno es efímero y el otro eterno.

124.Success is just a subjective concept. What is the use of being successful economically or in our activities if we cannot achieve it as people?

El éxito no es más que un concepto subjetivo. ¿De qué nos sirve aparentemente el serlo en nuestra actividad o económicamente, si no lo podemos alcanzar como personas?

125.Be wary of those who are never wrong or claiming to have always won, because they will make us responsible for any errors or failures.

Desconfiemos de los que nunca se equivocan o de los que dicen haber siempre triunfado, porque ellos nos harán responsables de sus errores o fracasos.

126.Success should often be judged on the efforts made in trying to reach a goal, overcoming our limitations, more than by the end result.

El éxito muchas veces debería ser valorado a partir del esfuerzo realizado en tratar de alcanzar una meta superando nuestra limitaciones, más que por el resultado final.

DEATH

MUERTE

127. Birth and death, simple and mere causal events.

El nacer y el morir, simples y meros hechos causales.

128. To suffer for the death of those we love, a mere act of selfishness.

Sufrir por la muerte de aquellos que amamos, un mero acto de egoísmo.

129. We die the day we cease to be in the memory of others.

Morimos el día en que dejamos de estar en la memoria de los otros.

130. When you coexist with the idea of death, dying seems a lesser thing.

Cuando se convive con la idea de la muerte, el morir siempre es poca cosa.

131. It is better to die standing defending our own ideas, than to die from other that we do not share.

Es preferible el morir de pie defendiendo una idea propia, que morir a causa de otra que no compartimos.

132. We begin to die the moment we begin counting the passage of time.

Comenzamos a morir en el mismo instante en que comenzamos a contar el paso del tiempo.

LOVE

AMOR

133. Love and wanting, two opposites. Love gives, wanting takes.

El amar y el querer, dos opuestos. El amor es entrega y el querer posesión.

134. Impossible to love, without loving yourself.

Imposible amar, si no te quieres.

135. The first kiss is hard, the last one hurts.

El primer beso cuesta, el último duele.

136. When we love and we feel loved, we can be kissed with just a glance.

Cuando amamos y nos sentimos amados, nos podemos sentir besados con sólo una mirada.

137. When we love, we may be away but never far.

Cuando amamos, podremos estar lejos pero jamás distantes.

138. *Friendship is the extension of the soul.*

La amistad es la prolongación del alma.

139. *For the flame of love to survive, we should continue feeding the fire that originated it, without depriving it of oxygen.*

Para que la llama del amor no se extinga, no hay que dejar de alimentar el fuego que le ha dado origen, sin privarla de oxígeno.

140. *Reason and thoughts should always be expressed from the heart.*

La razón y los pensamientos siempre deben de expresarse a través del corazón.

141. *Open your mind and you will experience your heart opening.*

Abre tu mente y veras abrir tu corazón.

142. Do not search for me, find me.

No me busques, encuéntrame.

143. Child in pain, suffering father.

Dolor de hijo, sufrimiento de padre.

144. Parents, as the waves of the sea to the beach, go through a time of their lives without knowing how and when, where they transform from being the benchmark, praise and comments of their children ... to the opposite ... to being the benchmark again.

Los padres, como las olas del mar a la playa, en un momento de sus vidas y sin saber cómo y cuándo, pasan de ser el punto de referencia, elogio y comentario de sus hijos...a lo opuesto... para volver a serlo.

145. Friends are not held accountable for their past, they are only asked to share our present and be part of our future.

A los amigos no se les pide rendición de cuentas por su pasado, sólo se les pide compartir nuestro presente y ser parte de nuestro futuro.

146. There are friends who have a time, appearing and disappearing mysteriously from our lives, and there is a time for friends.

Hay amigos de un tiempo, los cuales aparecen y desaparecen misteriosamente en nuestras vidas y un tiempo para amigos.

147. The flipside of love is not hate, it's disappointment.

La contracara del amor no es el desamor, es la desilusión.

148.The flipside of sadness is not happiness, it is hope

La contracara de la tristeza no es la alegría, es la esperanza

PHILOSOPHY

FILOSOFÍA

149. Fiction is a way to recount reality so it does not hurt as much.

La ficción es una forma de contar la realidad para que no nos duela tanto.

150. Even round tables have a head seat.

Hasta las mesas redondas tienen cabecera.

151. Patience, determination and hope, not submission, are the most powerful weapons of the weak.

La paciencia, el tesón y la esperanza, no la sumisión, son las armas más poderosas de los débiles.

152. Hopelessness, a subtle form of slowly committing suicide.

La desesperanza, una forma sutil de suicidarnos lentamente.

153.Lets protect the roots that have allowed us to grow.

Protejamos las raices que nos han permitido crecer.

154.Everyone has their own picture of Dorian Grey.

Todos tenemos nuestro propio retrato de Dorian Grey.

155.We only differ from animals in that we live longer and are more sophisticated in the use of violence and destruction.

Sólo nos diferenciamos de los animales por vivir más tiempo y ser más sofisticados en el uso de la violencia y autodestrucción.

156. Human stupidity has neither religion, nor color, or country, or lack of education.

La estupidez humana no tiene ni religión, ni color de piel, ni patria ni carece de formación académica.

157. There are no complicated issues, just complicated people.

No existen asuntos complicados, lo que si existe son personas complicadas.

158. In a world with overfed people, hunger is a moral issue.

En un mundo con gente sobrealimentada, el hambre es un problema moral.

159. Let what you have never end up having you.

Que lo que posees nunca termine poseyéndote.

160. If your worth is in what you have, then you do not have anything of worth.

Si vales por lo que posees, no posees lo que realmente vale.

161. All art is the exaltation of the subjective.

Todo arte es la exaltación de lo subjetivo.

162. Not everything that glitters is gold ... it could also be platinum.

No todo lo que reluce es oro... también puede ser platino.

163. Many times the happiness of a photo does not represent the mood of those in it.

Muchas veces la felicidad de una foto no representa el estado de ánimo de los que aparecen en la misma.

164.Look after your health naturally, otherwise the medical industry will destroy it in therapeutic doses.

Cuida tu salud naturalmente, de lo contrario la industria médica te destruirá en dosis terapéuticas.

165.Money just calms the nerves, no more.

El dinero solo calma los nervios, no más.

166.Lets not waste time trying to harmonize that which is incompatible.

No perdamos tiempo en tratar de armonizar aquello que es incompatible.

167.There are times when the heaviest luggage is not the one carried in suitcases.

Hay veces en que el equipaje más pesado es el que no se lleva en las valijas.

168. ... and why not?

... y ¿por qué no?

169. In life all paths have a way back.

En la vida todos los caminos son de ida y vuelta.

170. In matters of conflict, sometimes the paranoid are not wrong.

En cuestiones de conflicto, muchas veces los paranoicos no se equivocan.

171. Every skeptic is a potential optimist.

Todo escéptico es un optimista en potencia.

172. It is good to be alone, when you are not

Es bueno el poder estar solo, cuando no se lo está.

173. Guns are not dangerous, dangerous are those that use them.

Las armas no son peligrosas, peligrosos son los que las usan.

174. All that dazzles at some point hurts.

Todo lo que encandila, en algún momento daña.

175. What cannot slack, loosening, may be loosened by tightening.

Lo que no se puede aflojar, aflojando, quizás se puede aflojar apretando.

176. The euphemism is a weapon of mass disinformation created to accept things, as they are not.

El eufemismo es un arma de desinformación masiva creada para que aceptemos las cosas tal cual no lo son.

177. The good thing about observing the world, is that no one will be paying attention to you.

Lo bueno de poder observar al mundo, es que nadie prestará atención de ti.

178. If we allow music to be silenced, we will be silencing the soul.

Si permitimos que la música calle, callaremos al alma.

179. All immigrants are castaways in search of a port.

Todo inmigrante es un náufrago en busca de un puerto.

180. Being polite and courteous, do not mean to be hypocritical or cynic, nor an act of cowardice or submission.

El ser educado y cortés, no significa el ser hipócrita o cínico, ni un acto de cobardía o sumisión.

181. Multiculturalism is not synonymous with assimilation, lets respect diversity.

Multiculturalismo no es sinónimo de asimilación, respetemos la diversidad.

RELIGION AND SPIRITUALITY

RELIGIÓN Y ESPIRITUALIDAD

182.Every day I believe more in God, a name among many others, and less in religions.

Cada día creo más en Dios, un nombre entre muchos otros, y menos en las religiones.

183.Religions are another form of earthly power.

Las religiones son otra forma de poder terrenal.

184.The paths to God are not subject to any rule or belief, or listed on any map.

Los caminos a Dios no se sujetan a ninguna regla o creencia, ni figuran en ningún mapa.

185.In the way of science, God is the starting point.

En el camino de la ciencia, Dios es el punto de inicio.

186. Battles for God are won without the need to kill. They are fought and won inside our hearts and those of our fellowmen.

Las batallas por Dios se ganan sin necesidad de matar. Se pelean y ganan dentro de nuestros corazones y el de nuestros semejantes.

187. Awareness of the real possibility of death often makes the atheist resort to some sort of faith, transforming him into its most ardent devotee.

La toma de conciencia de la posibilidad cercana de su muerte, muchas veces hace recurrir al ateo a algún tipo de fe transformándolo en su más ferviente devoto.

188. Let us not seek in God what we are not capable of finding in our hearts

No busquemos en Dios aquello que no somos capaces de encontrar en nuestros corazones.

189.Our spiritual strengths are our final frontier.

Nuestras fuerzas espirituales son nuestra última frontera.

190.Thank God for all the good and bad that can happen to us, He will not punish, just tests our strengths.

Agradezcamos a Dios por todo lo bueno y lo malo que nos pueda pasar, Él no castiga, simplemente pone a prueba nuestras fortalezas.

191.If you do not find God in your heart, do not stop looking for yourself in it.

Si no encuentras a Dios en tu corazón, no dejes de buscarte dentro de él.

192.God can help us, but he will never do the job for us. Let us help God.

Dios nos puede ayudar, pero nunca hará la tarea por nosotros. Ayudemos a Dios.

193. "Heaven" and "Hell" because of being two human concepts, live within us and live in our world.

"El Cielo" y "El Infierno" por ser dos conceptos humanos, habitan dentro de nosotros y viven en nuestro mundo.

194. It is very easy to believe in God through good times; Faith is demonstrated through bad times.

Es muy fácil creer en Dios en los buenos momentos; la Fe se demuestra en los malos.

195. The spiritual force eventually overcomes the physical.

La fuerza espiritual tarde o temprano vence a la física.

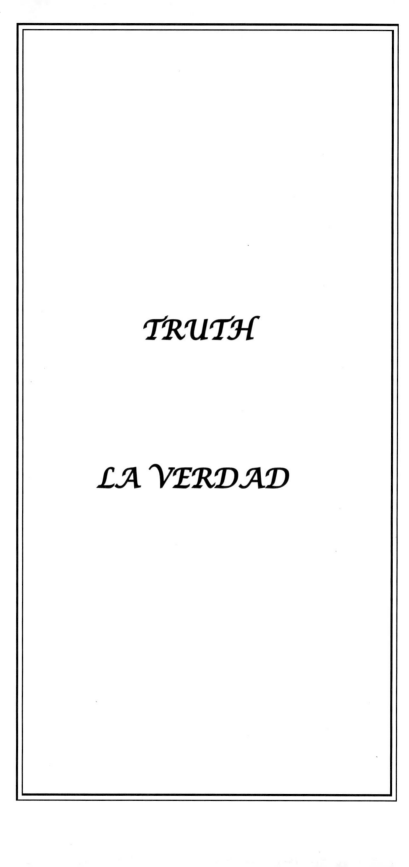

TRUTH

LA VERDAD

196. It is impossible to make an effort in finding "The Truth" when we cannot accept our own.

Imposible esforzarnos en la búsqueda de "La Verdad", cuando no podemos aceptar la propia.

197. The only truth is our own imperfection.

La única verdad es nuestra imperfección.

198. A truth accepted often is nothing but a lie collectively accepted.

La verdad muchas veces aceptada, no es más que una mentira colectivamente aceptada.

199. "Absolute truths" hide absolute fears and insecurities.

Las "verdades absolutas", sólo esconden miedos e inseguridades absolutas.

200. The only truth, that which is not said or known; the only reality, that which cannot be seen.

La única verdad, la que no se dice o conoce; la única realidad, la que no se ve.

201. We must avoid being more rigorous in covering up the truth than in revealing it.

Debemos evitar el ser más rigurosos en encubrir la verdad que en revelarla.

202. Truth never hurts, it is just as we perceive it, what hurts is having to accept it.

La verdad nunca duele, es tal como la percibimos, lo que duele es el tener que aceptarla.

203. Technology frees you ... if you do not depend on it.

La tecnología te libera... si no dependes de ella.

204.Lying is not the greatest enemy of truth and freedom, Fanaticism, ideology, dogmatism, obscurantism are.

La mentira no es el mayor enemigo de la verdad ni de la libertad, lo son el fanatismo, las ideologías, el dogmatismo, el oscurantismo.

205.Lying does not destroy the truth, destroys trust

La mentira no destruye a la verdad, destruye a la confianza

206.The flipside side of the truth is not the lie, it is hopelessness

La contracara de la verdad no es la mentira, es la desesperanza

TIME

TIEMPO

207. The future is built on the past, present ... a mere circumstance.

El futuro se construye en el pasado, el presente... una mera circunstancia.

208. What we call destiny is often the result of a choice made in the past.

Lo que llamamos destino muchas veces es el resultado de una elección realizada en el pasado.

209. The past, the reason for the present. The present, a mere circumstance. The future, an illusion or a wish.

El pasado, la razón del presente. El presente, una mera circunstancia. El futuro, una ilusión o un deseo.

210. History, a perfectly documented lie.

La Historia, una mentira perfectamente documentada.

211.Search for yourself in the past but find yourself in the present.

Búscate el en pasado, pero encuéntrate en el presente.

212.Let us not allow the perception of the past to become the goal of our future.

Que la percepción del pasado no se transforme en la meta de nuestro futuro.

213.There are times in which the past comforts us, the present confront us with the facts and the future gives us hope.

Hay oportunidades en las cuales el pasado nos reconforta, el presente nos enfrenta a los hechos y el futuro nos da esperanza.

214. The more concerned we are about the wait, the slower time passes.

Cuanto más nos angustia la espera, el tiempo más lento pasa.

215. It is preferable for the past to hurts us, being irremediable, than having to suffer the pain of the future.

Es preferible que el pasado nos duela, por ser irremediable, a tener que padecer el dolor del futuro.

SHARING

WITH MY CHILDREN

COMPARTIENDO

CON MIS HIJOS

Texts by John Donne and Edmund Burke, poems by Almafuerte, Ricardo Gutiérrez, Amado Nervo and Pastor Martín Niemöller. Pieces of writing have had a major influence in my life.

Textos de John Donne y Edmund Burke, poemas de Almafuerte, de Ricardo Gutiérrez, Amado Nervo y del pastor Martin Niemöller que han tenido una influencia muy importante en mi vida

- *No man is an island ...; every man is a piece of the continent, a part of the main. Any man's death diminishes me, because I am involved in mankind; and therefore never send to know for whom the bell tolls; it tolls for thee..." John Donne (1572 - 1631)*

- *Ningún hombre es una isla...; cada hombre es un pedazo del continente, La muerte de cualquier hombre me disminuye, porque soy parte de la humanidad, y por tanto, nunca preguntes por quién doblan las campanas; doblan por ti... " John Donne (1572 - 1631)*

- *The only thing necessary for the triumph of evil is for good men to do nothing.* - *Edmund Burke (1729 -1797)*

- *La única cosa necesaria para que el mal triunfe es que los hombres buenos no hagan nada. - Edmund Burke (1729 -1797)*

!AVANTI!

If you fall down ten times, get up
another ten, another hundred,may be five
hundred;

not to be your falls so violent
nor, by law, must be so many.
With the genial hunger than the plants
assimilate the humus avaricious,
swallowing the bitterness of the reproaches
were formed all the hollys and the saints.
Asinine obstinacy, to be strong,
nothing else needs the creature,
and in any unhappy figure me
that no blunts the hooks of luck ...
All the incurable has cure
five minutes before reaching death!

Almafuerte (Pedro Bonifacio Palacios –
Argentina 1854 –1917)

Avanti!

Si te postran diez veces, te levantas
otras diez, otras cien, otras quinientas:
no han de ser tus caídas tan violentas
ni tampoco, por ley, han de ser tantas.
Con el hambre genial con que las plantas
asimilan el humus avarientas,
deglutiendo el rencor de las afrentas
se formaron los santos y las santas.
Obcecación asnal, para ser fuerte,
nada más necesita la criatura,
y en cualquier infeliz se me figura
que se mellan los garfios de la suerte...
¡Todos los incurables tienen cura
cinco segundos antes de su muerte!

Almafuerte (Pedro Bonifacio Palacios -
Argentina 1854 -1917)

Piu Avanti!

Don't embrace defeat, even defeated,
don't feel yourself a slave even enslaved,
trembling in terror, think you fearless,
and charge with fury, badly wounded.
Have the tenacity of the rusted nail,
though old and ruined, become a nail as ever.
Not the cowardly folly of the turkey
that folds its plumage at first tremor.
Proceed like God, who never cries,
or like Lucifer, who never prays;
or be like the oaktrees, whose grandour
has need of water and won't beg...
Let bites and yells of vengeance
Rolling on the dust!, your furious head.

Almafuerte (Pedro Bonifacio Palacios –
Argentina 1854 –1917)

Piu Avanti!

No te des por vencido, ni aun vencido,
no te sientas esclavo, ni aun esclavo;
trémulo de pavor, piénsate bravo,
y arremete feroz, ya mal herido.
Ten el tesón del clavo enmohecido
que ya viejo y ruin, vuelve a ser clavo;
no la cobarde estupidez del pavo
que amaina su plumaje al primer ruido.
Procede como Dios que nunca llora;
o como Lucifer, que nunca reza;
o como el robledal, cuya grandeza
necesita del agua y no la implora...
Que muerda y vocifere vengadora,
ya rodando en el polvo, tu cabeza!

Almafuerte (Pedro Bonifacio Palacios -
Argentina 1854 -1917)

The Victory

Alas! Don't sing a song of victory
On the sunless day of battle
When you've slashed your brother's forehead
With the damned blow of your blade.
When the pigeon in the sky is felled,
The perched dove shivers on the branch;
When the fierce tiger is abated on the plain
The frightful beasts hush in their fright.
And you sing hymns of victory
On the sunless day of fight?
O, man alone on this heathen world
Can sing when men around him fall;
I cannot cheer when my brother dies.
Brand me infamous with the burning iron,
Because on the day your gore is spurting
From my shaky hand the harp falls down.

Ricardo Gutiérrez (Argentina 1836 – 1896)

"La Victoria"

¡Ah! No levantes canto de victoria
En el día sin sol de la batalla;
Que has partido la frente de tu hermano
Con el maldito golpe de la espada.
Cuando se abate el pájaro del cielo,
Se estremece la tórtola en la rama;
Cuando se postra el tigre en la llanura,
Las fieras todas aterradas callan...
¿Y tú levantas himnos de victoria
En el día sin sol de la batalla?
¡Ah! Sólo el hombre, sobre el mundo impío
En la caída de los hombres canta.
Yo no canto la muerte de mi hermano;
Márcame con el hierro de la infamia,
Porque en el día en que tu sangre viertes,
De mi trémula mano cae el arpa.

Ricardo Gutiérrez (Argentina - 1836 – 1896)

THEY CAME FIRST for the Communists,
and I didn't speak up because I wasn't a
                                    Communist.
THEN THEY CAME for the Jews,
and I didn't speak up because I wasn't a Jew.
THEN THEY CAME for the trade unionists,
and I didn't speak up because I wasn't a trade
                                    unionist.
THEN THEY CAME for me
and by that time no one was left to speak up."

Pastor Martin Niemöller (1892–1984)

PRIMERO VINIERON por los Comunistas

y no dije nada porque yo no era Comunista.

Luego vinieron por los Judios

y no dije nada porque yo no era Judio.

Luego vinieron por los sindicalistas

y no dije nada porque yo no era sindicalista.

Luego vinieron por mí,

para entonces, ya no quedaba nadie que dijera
nada.

Pastor Martin Niemöller (1892-1984)

At Peace

Very close to my setting sun, I bless you, Life
because you never gave me unfulfilled hope,
nor unjustified work, nor undeserved sorrow;
because I see at the end of my rough way
that I was the architect of my own destiny;
that if I extracted the honey or the bile of things,
it was because I put bile or sweet honey into
them;
when I planted rosebushes, I always harvested
roses.
... True, the winter is going to follow my youth:
but you never told me May was eternal!
without a doubt I found the nights of my sorrows
long;
but you never promised me only good nights;
and on the other hand I had some saintly calm...
I loved, I was loved, the sun caressed my face.
Life, you owe me nothing! Life, we are at peace!

Amado Nervo (Mexico 1870 – 1919)

En paz

Muy cerca de mi ocaso, yo te bendigo, Vida
porque nunca me diste ni esperanza fallida
ni trabajos injustos, ni pena inmerecida;
porque veo al final de mi rudo camino
que yo fui el arquitecto de mi propio destino;
que si extraje las mieles o la hiel de las cosas,
fue porque en ellas puse hiel o mieles sabrosas;
cuando planté rosales, coseché siempre rosas.
... Cierto, a mis lozanías va a seguir el invierno:
¡mas tú no me dijiste que mayo fuese eterno!
hallé sin duda largas las noches de mis penas;
mas no me prometiste tú sólo noches buenas;
y en cambio tuve algunas santamente serenas...
Amé, fui amado, el sol acarició mi faz.
¡Vida, nada me debes! ¡Vida, estamos en paz!

Amado Nervo (Mexico 1870 - 1919)

Book Review

The Site

By Claudio Herrera

Published by LuLu; www.Lulu.com

ISBN 978-1-4357-3434-0

• **Review published in authorsden.com by Theresa Potts Book Reviewer (Authors Den)**

http://www.authorsden.com/claudioherrera

The Site was an engaging book for me. You see, I had just encountered my first class in "breathing, meditation and yoga" And so I found this book to tie right in line with "living in the now" and in thinking about things from our fee will; our spirit, without the restrictions put upon us from society. The author, Claudio Herrera is clearly a worldly scholar and I believe his intelligence in writing this book, is no less than the honor he deserves in helping the reader to remember the true meaning of life, in being responsible to one's moral duty.

In The Site, the author takes you inside of a world, in which there is segregation of its in habitants, "The Blacks, The Yellows, The Others". From within this world, he explores the defining of society by its title; it's unwritten, though if sometimes written, moral code. These were described as different countries that were governed by a ruling class, formed by religious and political sectors.

It is in unraveling this "society " that the author takes you to a point of mind. A strong thought process begins and you really begin to have "sight" of how our history has defined us. How our religious beliefs, our ethnic backround and teachings by our elders has shaped us into behaving how we do. Now, clearly most of us adults know this, but exploring this foundation and challenging us to live past our predisposed ideology, for me, is what this book was about.

I enjoyed this book. It is a heavy read that makes one ponder. Yet, it is not long and is quite a journey into our own minds and provides life lesson, history and hope for mankind.

• *Review published in Amazon.com - 5 out of 5 stars Important Parable, July 8, 2011 By Sandra Shwayder Sanchez (Nederland)* * -

The Site is a gracefully written parable that makes the important point that as long as people turn a blind eye to the corruption that comes with power and greed they will be doomed to repeat the same sad history over and over again. The survivors of a global holocaust come together with the best of intentions to create a new society but over time they fall into the trap of allowing the same pattern of events to develop. The author introduces all of the chapters with relevant quotes from venerable thinkers and creative writers including Seneca & Plato, St. Augustine, Dante, Shakespeare and Einstein, evidence of a well read individual who has learned from his reading. I recommend reading and learning from this book which, in the face of circumstances that could make a cynic of anyone, is still full of hope.

* Sandra Shwayder Sanchez, co-founder of The Wessex Collective, is an avid reader and the author of two published novels: The Nun, Plain View Press, 1992 and Stillbird, The Wessex Collective, 2005. She has also published two collections: Three Novellas with Wessex in 2007 and A Mile in These Shoes, a collection of 9 short stories in 2010. Most of these stories have appeared over the years in an annual literary journal, The Long Story as well as Zone 3, The Healing Muse, The Dublin Quarterly, New Scene Quarterly and Cantaraville.